वड्र्स ऑफ राइटर्स

सुरेंद्र सिंह

Copyright © Surendra Singh
All Rights Reserved.

This book has been published with all efforts taken to make the material error-free after the consent of the author. However, the author and the publisher do not assume and hereby disclaim any liability to any party for any loss, damage, or disruption caused by errors or omissions, whether such errors or omissions result from negligence, accident, or any other cause.

While every effort has been made to avoid any mistake or omission, this publication is being sold on the condition and understanding that neither the author nor the publishers or printers would be liable in any manner to any person by reason of any mistake or omission in this publication or for any action taken or omitted to be taken or advice rendered or accepted on the basis of this work. For any defect in printing or binding the publishers will be liable only to replace the defective copy by another copy of this work then available.

क्रम-सूची

क्रम-सूची

क्रम-सूची

क्रम-सूची

प्रस्तावना

यह संकलन "Words Of Writers" सुरेंद्र सिंह द्वारा संकलित किया गया है। यह 30 लेखकों द्वारा कविता, ग़ज़ल, कहानी, पत्र या लेख आदि के रूप में हिंदी और अंग्रेजी भाषा में लिखे गए लेखों का संग्रह है। सभी लेखन लेखकों के मूल विचार हैं। यदि संयोग से साहित्यिक चोरी का कोई पता चलता है तो प्रकाशन गृह और संकलक की जिम्मेदार नहीं होगी; संबंधित सह-लेखक की पूरी जिम्मेदारी होगी।
यह पुस्तक किसी भी समुदाय, जाति, पंथ, धर्म , राष्ट्र और लिंग का अनादर करने का इरादा नहीं रखती है।

यह पुस्तक सह लेखक के साथ-साथ संकलक द्वारा हमारी भावनाओं, क्रोध, सुख और दुख आदि विचारों को साझा करने का एक प्रयास है। यह पुस्तक सभी पीढ़ी को ध्यान में रखते हुए लिखी गई है जिसे सभी आयु वर्ग द्वारा पढ़ा जा सकता है। प्रकृति और भावनाओं के बारे में लेखकों ने अपने क्या विचार प्रस्तुत किए हैं, यह जानने के लिए आप इसे पढ़ सकते हैं। मुझे आशा है कि आपको यह पुस्तक पसंद आएगी।
धन्यवाद।

पावती (स्वीकृति)

कुछ और कहने से पहले मैं भगवान को धन्यवाद देना चाहूंगा। मैं अपने परिवार, दोस्तों और उन सभी को धन्यवाद देना चाहता हूं जो मेरे सपनों को साकार करना चाहते हैं।

मैं "Words of Soul" प्रकाशन की पूरी टीम को मुझे इस संकलन को संकलित करने का सुनहरा अवसर प्रदान करने के लिए अपना आभार व्यक्त करना चाहता हूं।

मैं इस पुस्तक के सभी सह-लेखकों को अपने विचारों को कविता, ग़ज़ल, कहानी या किसी लेख आदि के रूप में प्रस्तुत करने के लिए धन्यवाद देना चाहता हूं। यह पुस्तक आपके सहयोग के बिना पूरी नहीं होती।

मैं पाठकों के लिए भी मैं आभारी रहूंगा यदि अपने कीमती समय में से कुछ समय निकाल कर मेरी इस पुस्तक को पढ़ें। यह पुस्तक आपके बिना पढ़े अधूरी रहेगी।

1. Surendra Singh

Compiler

Surendra Singh is a passionate writer hails from Bareilly District , Uttar Pradesh . He loves to teach Children and also fond of sketching. He is very fond of traveling and photography. He has done diploma in Civil Engineering . He says that writing, sketching and photography are his passion not by profession . He

has written compositions full of Rasas like Shringar
Ras , Veer Ras , Karuna Ras , Vatsalya Ras etc and
he is also of co author of many
Anthologies . Now he complie 7anthologys on working
he is a faithful Co-author and complier too.
He loves write.
Find his writings and contact him on
Insta Id : surendrasingh_4004

My B'day

Thank you for giving me one more year of my karmafal chakra.

I am apologetic for the time I misused and grateful that it has given me the opportunity to enter the new year again.

I am indebted to the nature which I exploited, it also gave me the opportunity to use it again as needed.

I will always be grateful to my parents and relatives, teachers and elders whose blessings remained on me and will continue to be so.

I have troubled my friends a lot and they know that I will trouble them in the future but still remain my friends, I will be grateful to them too.

2. Md.Shahbaz Alam

Md.Shahbaz Alam, is an Engineering Student, Entrepreneur and Youth Influencer from Jamia Millia Islamia, New Delhi. Mr. Shahbaz is working upon motivating and influencing youth to make them self dependent. He loves to write articles, Poetries, stories and quotes.

Contact Details:

वड्र्स ऑफ राइटर्स

Mobile: +919709299285
Instagram: @letsinspire.world

Quotes By Er. Shahbaz

"Life and Struggle "

a. "A passionate and dedicated person cannot be distracted from his purpose as long as he does not want to."

a. "I keep moving higher and higher because I never left any way to go back.That's the way I made a life for myself."

© "Moving forward towards your goal is far better than just thinking and doing nothing."

© "Build an incredible life for yourself,

Or somebody will hire you to improve his life."

3. Ritika Rathore

Ritika Rathore is an enthusiastic poet. She writes under pen name riddhi. She captures the beauty of moon in her poems through her quill. She is just like night; deep and dark; with millions of bright stars. She is from Jodhpur, Rajasthan. She lives in her fantasy world which reflects in her poem
Insta id- libra_riddhi (good_vibes)

Letter for a Teacher

Dear Mr Sandeep Malviya,

Firstly, feeling proud to be your student and missing your lectures badly. The day I joined your first lecture, honestly didn't know that time, you will leave an invariable mark on my head. You asked me some questions and I hurled back towards you. From that day a new journey had been started. A journey of exploring physics and it's going wonderfully. Thank you for making learning fun. I know that I have learnt more from your class than any other class I have had.

But it was not your first teach, still I remember of class 10th science fair. I made a volcano project and you described me how it works. That time you made a deep impact. I would like to thank you for everything you've taught me these past 3 years.

You showed me it is not enough to get the right answers in Physics, but it is necessary to take the right procedure for that.

Do you remember the day of 5th August 2020? When you gave me a note on my physics notebook. I was in little anger that day and feeling so insulted. I really cried that day but later I realized how reckless I was. I know sometimes I was so annoying in your classes but believe me it was the only class I missed.

I know that many of us had trouble with understanding but you never gave up on trying to teach us with all your energy. You gave me the precious gift of your knowledge.

As near as I can recollect the day of farewell I perceive why it's hard to say goodbye. Everyone's eyes were moist, everyone was crying hugging each other. This was the last day which is still imprisoned even today.

Quantum physics is enjoyable. Thermodynamics is bit hard but it is interesting. I remember when the first time you introduced Thermodynamics. You said this is not a subject, it is a journey. I still can't forget the way you described it. I hope that great scientist's book of thermodynamics will be with me someday. I'll definitely find it. One day you'll be proud of me. Haha! Don't take it serious.

Thank you for those 730 days when life was better in so many ways.

Not your best student but the most irritating

-Riddhi Ritika Rathore

संवार दो मेरी जिंदगी

आकर सजा दो मेरा कमरा

और संवार दो मेरी जिंदगी

बड़ा बेतरतीब है कमरा

बड़ी बदहवास है जिंदगी

कमरे में बिखरा पड़ा है सामां

और टूटा पड़ा हूँ मैं

ये सामां, कोई सामां नहीं

मेरी धरोहर है

इसमें हैं कुछ किताबें, कुछ तोहफे

कुछ पहरन, कुछ उतरन

और साथ हैं खुदा की नाजिल की हुई

नज्में, ग़ज़लें, गीत और मेरे अहसास

ले जाए चोर कमरे से

कुछ ऐसा तो नहीं रखा

हाल पूछने वाले हैं बहुत

ध्यान रखने वाला नहीं सखा

पर एक ताले की दो चाबियां

मांगती हैं एक पल्लू खास

एक चाबी मैं रखूं

एक हो तुम्हारे पास

एक टूटा हुआ आईना

दिखाता है बेनूर चेहरा

और इन सांसों पर है

घड़ी के कांटों का पहरा

नहीं है मेरे पास, बंगला मोटरगाड़ी

नहीं मेरे पास रोज देने को नई साड़ी

मेरे पास है केवल एक कोमल हृदय

जिसमें छिपा है प्रेम का अकूत भंडार

क्या तुम जी सकोगी खाली प्रेम के साथ

जिंदगी भर मेरे साथ

यदि हां, तो स्वागत है तुम्हारा

मेरी जिंदगी में, बेपनाह मोहब्बत में

तुम बस यकीं रखना मुझ पर

और देना मेरा साथ

दुनिया की हर खुशी होगी तेरे साथ

तो हे प्रिय, लो निर्णय और बढ़ो आगे

जीवन पथ पर मेरे साथ

लेकर हाथों में हाथ

लेकर हाथों में हाथ

अभी हालात हैं विकट

पर भविष्य सुनहरा है निकट

नदी के छोर पर खड़ा हूँ मैं

आओ बनकर मेरी केवट ।

4. निखिल नैय्यर

इनका नाम निखिल नैय्यर है। ये आर्य कॉलेज, लुधियाना, चंडीगढ़ विश्वविद्यालय का छात्र हैं और लुधियाना के निवासी हैं । इन्होंने लगभग 6 साल पहले लिखना शुरू किया था। ये हिंदी और पंजाबी दो भाषाओं में लेख लिखते हैं । इनका पहला लेखन कॉलेज पत्रिका में प्रकाशित हुआ इसके अलावा, पत्रिकाओं, समाचार पत्रों में भी इनकी कहानियों को प्रकाशित किया गया था।

नज़्म : मेरी जिंदगी मेरा आईना

आकर सजा दो मेरा कमरा

और संवार दो मेरी जिंदगी

बड़ा बेतरतीब है कमरा

बड़ी बदहवास है जिंदगी

कमरे में बिखरा पड़ा है सामां

और टूटा पड़ा हूँ मैं

ये सामां, कोई सामां नहीं

मेरी धरोहर है

इसमें हैं कुछ किताबें, कुछ तोहफे

कुछ पहरन, कुछ उतरन

और साथ हैं खुदा की नाजिल की हुई

नज़्में, ग़ज़लें, गीत और मेरे अहसास

ले जाए चोर कमरे से

कुछ ऐसा तो नहीं रखा

हाल पूछने वाले हैं बहुत

ध्यान रखने वाला नहीं सखा

पर एक ताले की दो चाबियां

मांगती हैं एक पल्लू खास

एक चाबी मैं रखूं

एक हो तुम्हारे पास

एक टूटा हुआ आईना

दिखाता है बेनूर चेहरा

और इन सांसों पर है

घड़ी के कांटों का पहरा

नहीं है मेरे पास, बंगला मोटरगाड़ी

नहीं मेरे पास रोज देने को नई साड़ी

मेरे पास है केवल एक कोमल हृदय

जिसमें छिपा है प्रेम का अकूत भंडार

क्या तुम जी सकोगी खाली प्रेम के साथ

जिंदगी भर मेरे साथ

यदि हां, तो स्वागत है तुम्हारा

मेरी जिंदगी में, बेपनाह मोहब्बत में

तुम बस यकीं रखना मुझ पर

और देना मेरा साथ

दुनिया की हर खुशी होगी तेरे साथ

तो हे प्रिय, लो निर्णय और बढ़ो आगे

जीवन पथ पर मेरे साथ

लेकर हाथों में हाथ

लेकर हाथों में हाथ

अभी हालात हैं विकट

पर भविष्य सुनहरा है निकट

नदी के छोर पर खड़ा हूँ मैं

आओ बनकर मेरी केवट ।

ग़ज़ल

देख जिंदा हूँ अभी दफनाया गया नहीं हूं मैं,

आगोश से तेरे अब तक निकल पाया नहीं हूं मैं ।

आज भी तरोताजा हूं तेरे बदन की खुशबू में

बिछड़कर तुमसे आजतक फिर नहाया नहीं हूं मैं ।

अब तो मोहब्बत हो गई है तेरी यादों से जाना,

अरे तुमसे किसने कह दिया कि बेवफा नहीं हूं मैं ।

वीरानियों में दफन कर दिए सारे गिले शिकवे अब

तेरी चाहत में अब बिल्कुल गमजदा नहीं हूं ।

सुनकर अफसाने मोहब्बत के खो जाता हूं कही

वो किस्सा, वो दास्तां आज भी भूला नहीं हूं मैं।

5. Sakshi Yadav

Sakshi Yadav, a resident of Shivpuri district of Madhya
Pradesh, who is fond of writing, expresses her feelings

with her words. She is a first year student studying in medical college, she is taking her first step in the world of writing, it is her endeavor that her poems and compositions should be engulfed in everyone's heart.

Ajaad chidiya

Din mein vo thi ajaad chidiya

Raat ko ban jaati ek maati ki gudiya

Din mein vo khoob chehekti

Raat ko aankho se nami uske behti

Din mein bheed mein vo hasti rehti

Raat ko soone se bistar pe soti

Kya raaz tha uske in do roopon ka

Kya dard tha uski muskurahat ka

Andar se vo tooti hui hui thi

Koi aash uski chhuti hui thi.

6. Raagini Shayara

सबके दिलों में बसती देश की राजधानी दिल्ली की निवासी रागिनी अपने शब्दों की धुन में नए राग तलाशती। खोये हुए अस्तित्व को फिर से पाने की चाहत रखती।जज़्बात और कल्पना का बेजोड़ मिश्रण से रचना में चार चाँद लगाती।जब क़लम चलती है उसकी तो अपनी बात कहकर ही दम लेती। उसका यही प्रयास रहेगा आप लोगों को अपनी लेखनी द्वारा जीवंत करके जीवन की इस भागादौड़ी से तनाव मुक्त कर सके।

तुम्हें सोचूँ, तुम्हें लिखूँ

तुम्हें सोचूँ, तुम्हें लिखूँ, मोहब्बतें पैग़ाम भेजूँ

ये बेकरारी जो थमने का नाम नहीं ले रही

दिल को सुकून देने का ये तरीका इख्तियार करूँ

लफ़्ज़ों में बयां कर पाना नामुमकिन है ये एहसास

दिल की क़लम से छूकर और करीब आने की ख़वाहिश करूँ

नज़ारा दिखे हर तरफ़ ख्यालों पर सिर्फ़ तेरा बस

इस दिवानेपन का ऐलान मैं सरेआम करूँ

सिलसिला बरकरार रहे ऐसे ही उलफ़तों का

सांसों पर चलता रहे एक नाम इन

धड़कनों को आराम ना दूँ

दूर रहूँ चाहे पास इन चाहतों का दीया कभी बूझेगा नहीं

हक़ीक़त में ना सही किसी ख़्वाब में आकर तुम्हें ये सलाम भेजूं

© Raagini Shayara

7. Dr. Praveen kumar Saxena "Ujala"

मेरा जन्म उत्तर प्रदेश के जनपद जालौन के कालपी शहर में हुआ है। मैं निरन्तर 1996 से लगातार लेखन कार्य से जुड़ा हुआ हूँ। अभी तक अनेक पुस्तकों का प्रकाशन हो चुका है।

इन्साफ

डॉ. प्रवीण कुमार सक्सेना 'उजाला'

प्राचार्य माँ शारदे महाविद्यालय गांगड़तलाई

जिला बांसवाड़ा राजस्थान

गाँव की चौपाल पर खड़े सभी लोग ये जोर-जोर से चिल्ला रहे थे। इसको मारो-मारो जान से मार डालो। ऐसे घृणित कृत्य करने वाले को समाज में रहने की इजाजत नहीं मिलनी चाहिए। इससे हमारा समाज दूषित होगा इसने पिता-पुत्री जैसे सम्मान जनक रिश्ते को तार-तार कर दिया है। यह इसका पहला कृत्य नहीं है। कुछ गाँव के बुर्जुग बोले आज से लगभग 40 वर्ष पूर्व भी इसने ऐसा ही एक घृणित कृत्य किया था। उस समय इसने वासना का शिकार अपनी बहिन को बनाया था, और आज अपनी पुत्री को। इसको जीने का अधिकार नहीं मिलना चाहिए। इसको मार डालना ही उचित है, किन्तु कुछ बुजुर्ग खड़े होकर बोलते है, ठीक है, ठीक है किन्तु आज के परिवेश में भारत में पंचायत लगाना बंद हो गया है और कानून लागू है, संविधान है। हमे इसको पुलिस के हवाले करना होगा। लेकिन पुलिस क्या करेगी। कुछ असन्तोष वर्ग के लोगों ने आवाज बुलन्द की।

हाँ हाँ यह सही कह रहे है, चलो इसको पुलिस के हवाले कर दिया जाये,

समूह में एकत्रित लोग उसको पुलिस थाने की ओर लेकर चल दिये। अब तक बात गाँव के अतिरिक्त अन्य गाँवों तक फैल चुकी थी और आस-पास के गाँवों के लोग भी इस भीड़ में शामिल होने लगे थे, किन्तु उस व्यक्ति पर चिन्ता की एक लकीर तक नहीं थी खौफ भी नहीं था, कि पुलिस उसके साथ क्या करेगी।

थाने तक पहुँचते-पहुँचते जन समूह एक बड़ी भीड़ में दिखाई देने लगा थी, थाने के सामने इतनी बड़ी भीड़ को आते हुए देख कर थाने के अधीनस्थ कर्मचारी अचम्भित थे और सभी सावधान की स्थिति में थे। थानेदार के पास कुछ लोग उस व्यक्ति को लेकर गये। थानेदार जी ने प्रश्न पूछा कौन है ये?

सर जी इसका नाम अजीत है,

इसने क्या अपराध किया है? थानेदार ने पुनः प्रश्न किया?

इसने अपनी पुत्री के साथ दुष्कर्म किया है। पुत्री कहा है थानेदार ने फिर प्रश्न गोली सा दाग दिया।

वह घर पर है, भीड़ में से एक व्यक्ति ने उत्तर दिया।

उसे यहाँ पर लाना होगा? थानेदार ने फिर प्रश्न दागा।

क्यों भीड़ में से प्रश्न उठा क्योंकि उसका भी स्टैटमेन्ट लेना होगा?

ठीक है कल ले आऊँगा तब तक आप इसे तो बन्दी बना ले?

ऐस सम्भव नहीं?

क्यों?

क्योंकि उसको बन्दी बनाने के लिए कोई ठोस सबूत नहीं है।

हम कह रहे थे चच्चा?

कि साला फिर कानून से बच जायेगा। क्यों न इसे यही जिन्दा जला दे। नहीं नहीं ऐसा करना ठीक नहीं होगा तो फिर क्या? चलो और गीता को

यहाँ लेकर आते है और उससे ही इस कमीने बाप की करतूतों को उगलबाते है। ठीक है चला चले।

लेकिन थानेदार साहब कल तक तो यह यहाँ से भाग भी सकता है?

नहीं भागेगा इसे लाकप ने नहीं डालेगे किन्तु थाने से बाहर नहीं जाने देगे। विशाल भीड़ ने एक राहत की सास ली।

धीरे-धीरे जन समूह थाने से बाहर निकल कर तितिर-वितिर, इधर-उधर हो गयी।

शेष कुछ लोग उसी गाँव की चौपाल की ओर चल दिए।

कुछ समय बाद गाँव पहुँचने पर पता चलता है कि गीता ने फाँसी लगा ली है। उसे मालूम था कि वह पुलिस वालों के सामने अपने पिता को जलील नहीं होते देख सकती थी।

390 राती तलाई शास्त्री मार्ग बांसवाड़ा राजस्थान

8. Dr. R. Shirley Gainneos

Dr. Shirley is a dentist from Nagercoil. She is fond of writing a lot of stories and poems. She has been writing ever since she was young. She likes to read a lot of books written by different authors and poets. Her other interests include painting, sketching, travelling, photography, singing, listening to music and playing the piano.

THE OCEAN'S WORLD

The evening sun dive slowly into ocean's vastness,

Leaving a ribbon of red sky behind,

Soon will spread the darkness,

Bringing along the night life, born deep into the wild.

Water, filled with life,

From the top to the bottom,

Colorful organisms hanged on coral reefs,

Looks like a spring blossom.

Many amazing secrets of the ocean,

Still out of reach,

Hundreds of feet below the surface,

Are there to witch.

The cold deepness,

Well hidden from the light,

Where the life flows by in silence,

Somewhere there, still safe from the human violence.

The ocean's world is harsh and unique,

Able to keep its mysteries tight in deep,

The reason to preserve this enchanting world,

Is not far to seek.

Beautiful and mysterious creatures that reside,

In that great wet wilderness,

Capable of surviving to adverse fate,

Protected from alien outsiders,

In some still untouched place of quietness...

AUTUMN'S LEAVES

Anticipation as wiled winds settle down,

Stretching shadows can again be found,

We look for autumn's leaves upon our ground.

My neck is awed, a smile across my face,

Someone's laughter we all try to place,

Children paint pumpkins, so hard to trace.

September teases and October squeezes,

November surely brings sniffling wheezes,

Welcome December for winter's freezes.

So long blue birds, good bye buntings,

Your summer dance was truly something,

Soon old jays will come loud and thumping.

So I wait in anticipation for season's long end

Cold days and nights are just around the bend,

A harvest for change we will all soon begin.

The colors combine to make fire among trees,

Sway gentle branches for all who pass by to see,

One last dance before winter takes autumn's leaves.

9. SRUTHI.CILUVERU

She is SRUTHI.CILUVERU. Poetic medico
Selenophile
Pearls of poetry.
Loves living in the words.

HERO OF LIFE

Endless highways of misdirected means,

To walk along the lonely street of dreams,

To live in a world where nothing is as it seems,

And take pursuit of pleasure to extremes…

To have experienced every situation as it is,

To love every moment you live,

And to accept everything that came in your path…

To have faced all the highest sorrows to the lowest joyous moments,

To have embraced all your sufferings to the most loved beautiful memories,

And to experience everything the life gives you and to flow with it….

To have been a stranger to the familiar person,

To have been a best friend like a family,

And to be loved whole heartedly by them…

To have been fallen many a times,

To have been got up stronger,

And to wear the glory of your Success...

To have been existed your life without living it,

To have been collected every precious second of it,

And to weave the ever most splendid meaning to the
Life.....you will grow one day..!!!

"YOU WILL BE A HERO OF YOUR LIFE

WHERE YOU WILL WIN THE WORLD."

- Weaver of life.

RAREST HEART

Threw out old boxes,

Regrets and photographs,

Empty pockets and lockets,

All the Scribbled words,

Scrambled and folded papers,

Memorable chocolate wrapper,

Peacock feather and a big rose petal

Which are pressed in an old book,

Gifted by the person whom you wanna hold.

The person who made you feel pity yourself,

Left you without any mercy....

Who made you feel guilty,

Shattered all your dreams of together...

Who made you see yourself beautiful,

Broken you into many pieces...

Who gave you a big hope of happiness,

And threw you down cutting your wings...

How beautiful your soul is...??

How rare your heart is..??

It's time to throw away your pity, guilt...

Bring back your broken pieces,mend it with golden beauty
of your soul.

Put back your wings to fly with the new ray of hope for the
bliss of your rarest Heart.

10. Pankaj Singh Dhanak

लेखक पंकज सिंह धानक (पंककु) चौकुना (देवभूमि उत्तराखंड) के रहने वाले हैं।

वह पेशे से कॉमर्स का छात्र है।

उनके जीवन का लक्ष्य भारतीय सेना में एक अच्छा पद प्राप्त करना है।

वह आज और अभी में विश्वास करता है, कल में नहीं।

क्रिकेट खेलने, कविता शायरी लिखने में उनकी रुचि रही है। और उन्हें गाना सुनने का भी शौक है।

INSTA I'd: - writter pankkuu

You Tube Account :- शायरी - यादों का साम्राज्य।

प्यार का मतलब

प्यार का मतलब जिस्म पाना नहीं होता ,

जहां बात जिस्म पर आ जाए वो प्यार नहीं होता ।

प्यार , जरूरत पड़ने पर खुद जाहिर हो जाता है ,

जिसे पैसों से प्यार हो ,वो सच्चा यार नहीं होता ।।

प्यार में कभी किसी को तड़पाना मत ,

किसी को अपनी यादों में रुलाना मत ।

क्या तुम जानते हो सच्चा प्यार क्या है ,

मोहब्बत की बारिश प्यार में भरोसा क्या है ।।

कोई डरें अगर तुम्हें खोने से ,

तो समझ लेना मोहब्बत सच्ची है उसकी ।

रिश्ता बचाने के लिए कभी झूठ बोलना पड़ता है ,

तो इसे झूठा प्यार नहीं , मजबूरी समझना उसकी ।

प्यार में भरोसा तोड़ना सबसे बुरी बात है ,

पैसों के लिए सच्चे साथी को छोड़ना गलत बात है ।

भगवान ना करें , तुम्हारी मोहब्बत बिछड़ जाए तुमसे अगर ,

सोचो उसकी क्या हालत होगी , जिसकी खुशी तुम्हारी मुस्कुराहट है ।।

क्यों किसी को अपनी यादों में रुलाना ,

क्यों किसी की भावनाओं के साथ इस कदर खेलना ।

तो मोहब्बत का फैसला सोच समझकर लेना ,

अगर प्यार नहीं है उससे तो साफ मना कर लेना ।

पर किसी को प्यार में धोखा नहीं देना ।।

पहले ही उसकी अदाओं के कायल थे हम ।

फिर उसने सर पर दुपट्टा रख लिया।

मोहब्बत हो जाती उनसे मगर ,

कुछ पुरानी बातों ने मेरे दिल को रोक लिया ।।

उन्हें भी किसी ने धोखा दिया था ,

मोहब्बत के नाम पर गजब का खेल खेला था ।

डर था मुझे कहीं मेरे साथ भी ऐसा ना हो जाए ,

किसी और का गुस्सा हमपे ना उतार लिया जाए ।।

प्यार में गुस्सा होना तो आम बात है ,

मगर प्यार में भरोसा तोड़ना बर्दाश्त नहीं होगा ।

प्यार मजाक होगा किसी और के लिए ,

पर मेरे प्यार का मजाक , मुझसे बर्दाश्त न होगा ।।

हां ! भुला दो अगर उसकी यादों को तुम ,

अपनी मोहब्बत का इज़हार कर देंगे हम ।

वादा करो , हमसे दगाबाजी नहीं करोगे ,

कसम से , तुम्हें खुद से भी ज्यादा चाहते हैं हम ।।

11. Susi Jean R

She is Susi Jean.R, born and brought up in Nagercoil, now residing in TVM. Working as a Help Desk Executive in a Charitable Trust which sources blood donation. Married to Baiju G. S., an Engineer, and have two children. Her hobbies are Poem writing, Gardening, experimenting Indian cuisines and visiting near by temples.

Stop bullying

For many bullying is a hobby

Makes a lot minds semi

Using sharp words as weapon

Hurting to the fullest

Criticising others badly

Irritating by severe gossips

And cornering for their pleasure

Using false words to threaten

That makes heart broken

Which creates a lot of depression

This enjoyment never a permanent.

Anyday when you realise that wasn't true

Will feel guilty about the said.

The sting of being betrayed is still fresh in my vein

Though being good with me always, never thought you
have an aim

Trusted a lot, but never understood why you ditched me
like a flame

How is it possible that you tear me like this?.

You always wrecked the very self in mine

Very rash thought, imperfect words never I expect from you
in chain

These activities from you always made me remain

Never to trust blindly, as it finally gives utter pain.

That putforth my mind always in strain.

That can never find a way to drain.

Causes my heart with lot of stain

I would never use words to complain

Such relationship are difficult to maintain

Myself always insulted, hurted though never thought as
such in mind.

Peace is what I always like to attain

12. Mahek Rastogi

यह महक रस्तोगी है जो कि लखनऊ की रहने वाली हैं।अपनी पढाई के साथ साथ इन्हे आर्ट बनाने तथा कैलिग्राफी करने की भी रुचि है। इनका कहना है की हम सब की ज़िंदगियों मे बहुत सी तकलीफे, मुसीबत और कई तरह की मुश्किले आती है और इन मुश्किलों मे हम दुसरो से उम्मीद करते है कि वो हमारी बातों को

सुने परंतु हर वक़्त आपके पास लोग नही होते जिनसे आप अपनी बात कह सके । इस परेशानी से तंग आकर उन्होंने पहली बार लिखना शुरु किया। अपनी सारी भावनाओ को पन्नो मे लिखना अब उनकी हॉबी है। अब इन्हे जब भी अकेला फील होता है तो यह कलम और कॉपी लेकर बैठ जाती है।

जो दिल पर आता है,

वो पन्नो पर उतर जाता है।

तुम्हे अपनी जिंदगी

तुझे अपनी जिंदगी समझने लगी थी मैं,

जब मुझसे दूर गया था तो

बेबस होगी थी मैं ।

बेशक़ बाहर से हस्ती थी पर अंदर से टूट गई थी मैं,

शायद खुद से ही लड़ना सिख गई थी मैं।।

खुद की मौज़ूदगी को बोझ समझने लगी थी मैं,

शायद तुझे पाने के खतीर खुद को भी खोती जा रही थी मैं।

खुद टूट कर बना रही थी तुझको मैं।।

शायद चाहा था उसे टूट कर मैनें,

कोई हमेश के लिए साथ नहीं रहता भूल गई थी ये बात मैं ।

तू दिन पर दिन इतना जरुरी होगया था मेरे लिए ,

कि शायद सांस लेना तेरे बिना भूल गई थी मैं।।

शायद तू मेरे लिए नहीं बनाया था,

प्यार जो हाथ की लेकर में था ही नहीं,

उससे ही टकरा गया था माई

प्यार एक खेल यही फिर से मन ने लगी थी मैं ।

हाँ तुझसे प्यार करने लगी थी मैं ,

तुझे अपनी आदत बनाने लगी थी मैं।।

तुझे टूट कर चाहा था मैंनें ,

फ़िर भी क्यूं रंग दिखया था ,

तूने अपना कहकर तुमने भी कहाँ मुझे अपनाया था।

खुदगर्जी का मतलब तूने ही सिखया था ।।

तेरे लिए कितना किया मैंने,

टूने समझा कितनी गिरी हुई थी मैं ,

क्या करोगे अब मेरे पास आकर

खो दिया है तुमने मुझे बार बार आजमाकर ।।

~ महक रस्तोगी

13. Hakim Khan

हकीम खान , चन्दौली उत्तर प्रदेश के निवासी है। हमने पढ़ाई गांव के प्राइमरी स्कूल से किया। आईटीआई पास करने के बाद हनीवेल इलेक्ट्रिकल डिवाइसेज सिस्टम इंडिया लिमिटेड देहरादून से अप्रेंटिस किया । नौकरी के साथ साथ पॉलिटेकनिक भी पूरा किया। हनीवेल में अभी भी कार्यरत है ।

मेरा प्राइमरी स्कूल से ही संगीत में लगाव था । मुझे शायरी कविता लिखने का शौक है। मेरा पहली एंथ्रोलॉजी ज़िंदगी की

हसरते नामक बुक में दर्ज की गई है। मैं words of writer टीम का दिल से शुक्र गुजार हूं words of writer टीम के साथ साझा करने का मौका मिला।

मेरा इंस्टाग्राम id ..hakimkhan613 hai.

किसान देश की शान

आकर देख जा मेरे गांव में,

हरा भरा खेत खलिहान मेरे गांव में।

मैं किसान का बेटा हूं,

खेतों से निकाल कर रखा हूं धान मेरे गांव में।।

हरा भरा खेत खलिहान मेरे गांव में।।

सर्दी से भी लड़ते है ,

फिर भी जाकर खेती करते है।

करें निराई और गुराई ,

फिर हरियाली ले आते है।।

आकर देख जा मेरे गांव में,

हरा भरा खेत खलिहान मेरे गांव में।।

पड़ी जरूरत देश को एक,

अन्न दिया हमीं ने।

कोरोना जैसी बीमारी में,

दिया साथ हमीं ने।।

आकर देख जा मेरे गांव में,

हरा भरा खेत खलिहान मेरे गांव में।

शायरी:- कुछ ख्याल हैं

वक्त बीत रहा है लड़का इनकार भी कर सकता है,

अब तो हां कर दो।

तुम्हारी खुशी में उसकी खुशी है,

तुमसे बेपनाह मुहब्बत भी करता है।।

तुम अपने दिल की बात सुनाओ ,

यही मेरे दिल की ख्वाहिश है।

दिल भी यही कहता है ,

सुनलो इसमें ही गुंजाइश है।।

इंतजार का पल बिताना मुश्किल है,

बीते लम्हे भूल पाना मुश्किल है।

कैसे शुक्रिया अदा करू words of writers team का,

आपके महफिल में आना यही मेरा खुश दिल है।।

14. Dr. Chandresh Kumar Chhatlani

प्रशिक्षण, अनुसंधान, अकादमिक, लेखन, सॉफ्टवेयर विकास, वेबसाइट विकास और डिजाइन में 25 से अधिक वर्षों का समृद्ध अनुभव लिए डॉ. चंद्रेश कुमार छतलानी ने 140 से अधिक सॉफ्टवेयर और वेबसाइट का स्वतंत्र रूप से निर्माण किया गया है। वे वर्ल्डस ग्रेटेस्ट रिकॉर्ड से अधिकतम शैक्षणिक प्रमाण पत्र अर्जित करने के एक रिकॉर्ड धारक भी हैं। डॉ. छतलानी को सम्मेलनों, संगोष्ठियों और कार्यशालाओं के आयोजन के साथ-साथ नैक मूल्यांकन, यूजीसी, एआईसीटीई, एनआईआरएफ, दूरस्थ शिक्षा, एआईएसएचई, सुप्रीम कोर्ट, पीसीआई, सीसीएच आदि के सभी

प्रकार के दस्तावेज़ीकरण और अन्य कार्यों का अनुभव भी है। उन्होंने माइक्रोसॉफ्ट, एमिटी, सिस्को, गूगल, आईईईई, दीक्षा, डब्ल्यूएचओ और अन्य प्रतिष्ठित संस्थानों से 1000 से अधिक प्रमाण पत्र अर्जित किए हैं। डॉ. चंद्रेश ने 11 पुस्तकें लिखी हैं, 8 पुस्तकों का संपादन किया है और 32 शोध पत्र लिखे हैं। उन्हें 18 राष्ट्रीय/अंतर्राष्ट्रीय पुरस्कार मिल चुके हैं। चंद्रेश छतलानी लघुकथाएं, कहानियां, लेख और कविताएं लिखते हैं। राष्ट्रीय और अंतर्राष्ट्रीय ख्याति की विभिन्न पुस्तकों, पत्रिकाओं, समाचार पत्रों, वेबसाइट और ब्लॉग में उनकी 120 से अधिक लघुकथाएँ और 50 से अधिक कविताएँ प्रकाशित हो चुकी हैं ।

ट्रिपल इश्क

अब वह कहीं नहीं थी। मेरे पिता कहते थे जो कहीं नहीं होता कभी-कभी वो हर जगह होता है। सिगरेट के धुएँ को अपने फेंफड़ों में ही रोक देने की कोशिश करते हुए मुझे पिताजी की यह बात याद आते ही खांसी आ गयी जिससे धुआं अंदर से बाहर आकर हवाओं में घुलते हुए गायब होने लगा और मैं उल्टे यह सोचने लगा कि धुएँ की तरह ही हवाओं में घुला इंसान... कहीं नहीं होता।

एक चित्रकार होने के नाते मैं भावुक ज़रूर हूँ लेकिन उसे दो आदमियों से प्रेम करते और उन्हें छोड़ देने के बाद भी मुस्कुराते देख उसकी इस निष्ठुरता को उसके होने तक मैं भी जीता रहा। अपने पहले प्यार को वह कैंडल लव कहती थी। शाम मोमबत्ती रोशन होने के बाद वह आता था और सवेरे की मोमबत्ती बुझने से पहले तक ही रुकता था। मैं उन दिनों पन्द्रह साल का था। माली हालत ठीक नहीं थी सो उसके और दूसरे घरों में अल सुबह फूल बेचने जाता था। एक दिन फूल लेते हुए उसने मुझसे पूछा था कि, "दिन में तुम्हारे ये फूल मुरझाये और रात में खिले हुए क्यों लगते हैं?" मेरे पास कोई जवाब नहीं था। हालाँकि अपने कैंडल लव को विदा करते वक्त अनगिनत बार फूलों का मुरझाना मुझे उसके चेहरे पर दिखाई देता था। महीने बीतते रहे, एक दिन मैंने उसे उसके कैंडल लव के मुंह पर पूरी ताकत से एक मोमबत्ती मारते हुए देखा। उस दिन समझ में आया कि कुछ मोमबत्तियां ऐसी भी होती हैं जो मुंहतोड़ जवाब देने में खुद तो टूट जाती हैं लेकिन पिघलती नहीं। मेरे अंदर के चित्रकार को जन्म देने वाली भी यही मोमबत्ती थी। उस दिन ज़िंदगी का सबसे पहला स्केच बना था - सफेद मोम से बनी टूटी हुई रंगहीन मोमबत्ती। रंगीन फूल बेचने वाला मैं रंगहीन स्केच बनाने लगा। उसकी बात करें तो कुछ ही दिनों में मैंने देखा कि उसकी मुस्कुराहट लौट आई और उसने मोमबत्तियों की जगह चिराग जलाने शुरू कर दिए।

उसका दूसरा प्यार पहले प्यार के तीन सालों बाद आया। तब तक मेरा पेशा भी तोड़े हुए फूलों के निश्चित रंगों से ऊपर उठ कर कैनवास पर अनदेखे रंगों के नकाब उतारने तक पहुँच चुका था। मेरे चार चित्र उसने खरीदे भी थे। खरीदे क्या थे! मैंने जब-जब भी फूलों के चित्र बनाये, उसे दे दिए। बदले में उसने जितना भी धन दिया सिर झुका कर ले लिया। वह शादी के लिए दौड़ लगांने को नासमझी समझती थी, लेकिन उसका दूसरा प्यार एक धावक ही था। वह प्यार होने के कुछ सालों बाद का वह दिन मुझे अच्छी तरह याद है जब उसने मुझे अपने गले से सोने का हार उतार कर दिया और कहा कि एक ऐसा चित्र बनाऊं जिसमें वह धावक दौड़ कर कहीं और ना जा सके। लेकिन मेरे पास ऐसी कोई कल्पना नहीं थी, मैंने उसका हार उसे लौटा दिया और वह पूरी रात मेरे कंधे पर सिर रखकर सिसकती रही। अगले दिन सवेरे उसने मुझे खामोशी लेकिन फिर उसी चिर-परिचित मुस्कराहट के साथ विदा किया।

उस धावक के प्रति उसकी यह निष्ठुर मुस्कराहट मुझे बहुत अच्छी लगी। उसके बाद मैं नियमित उसके घर जाता रहा, हम बातें करते लेकिन मैं कभी उससे अपने आपको नहीं कह पाया। उसकी निष्ठुरता से डर भी लगता था। कल शाम पता चला कि मकान की छत से गिरने से उसकी मौत हो गयी और आज उसी मकान में सिगरेट के कश पे कश लेते हुए मैं उसकी तस्वीरों को देख रहा हूँ।

एक चित्र मेरे हाथ लगा, जिसे मैंने ही अपनी कल्पना में उसे ग्रामीण चुनरी पहना कर बनाया था। मैंने उस पर लगी मिट्टी साफ की तो पीछे की फ्रेम की तरफ उसकी लिखावट उभरने लगी। उत्सुकता सी हुई और मिट्टी हटा कर मैंने पढ़ा, उसने लिखा था,

"काश! मेरी रंग उतरती चुनरी में तुम रंग भर सकते! कैसे चित्रकार हो तुम? तुम्हें रंग भरना भी नहीं आता।"

और मैंने सिर उठाया तो स्पष्ट देखा कि वह मेरे सामने खड़ी थी - एक रंगहीन बिना मिट्टी की आत्मा।

और मेरे होंठों पर वही मुस्कुराहट तैरने लगी, जो आज उसके पारदर्शी होंठों पर नहीं थी।

अब वह कहीं नहीं थी। मेरे पिता कहते थे जो कहीं नहीं होता कभी-कभी वो हर जगह होता है। सिगरेट के धुएँ को अपने फेफड़ों में ही रोक देने की कोशिश करते हुए मुझे पिताजी की यह बात याद आते ही खांसी आ गयी जिससे धुआं अंदर से बाहर आकर हवाओं में घुलते हुए गायब होने लगा और मैं उल्टे यह सोचने लगा कि धुएँ की तरह ही हवाओं में घुला इंसान... कहीं नहीं होता।

एक चित्रकार होने के नाते मैं भावुक ज़रूर हूँ लेकिन उसे दो आदमियों से प्रेम करते और उन्हें छोड़ देने के बाद भी मुस्कुराते देख उसकी इस निष्ठुरता को उसके होने तक मैं भी जीता रहा। अपने पहले प्यार को वह कैंडल लव कहती थी। शाम मोमबत्ती रोशन होने के बाद वह आता था और सवेरे की मोमबत्ती बुझने से पहले तक ही रुकता था। मैं उन दिनों पन्द्रह साल का था। माली हालत ठीक नहीं थी सो उसके और दूसरे घरों में अल सुबह फूल बेचने जाता था। एक दिन फूल लेते हुए उसने मुझसे पूछा था कि, "दिन में तुम्हारे ये फूल मुरझाये और रात में खिले हुए क्यों लगते हैं?" मेरे पास कोई जवाब नहीं था। हालाँकि अपने कैंडल लव को विदा करते वक्त अनगिनत बार फूलों का मुरझाना मुझे उसके चेहरे पर दिखाई देता था। महीने बीतते रहे, एक दिन मैंने उसे उसके कैंडल लव के मुंह पर पूरी ताकत से एक मोमबत्ती मारते हुए देखा। उस दिन समझ में आया कि कुछ मोमबत्तियां ऐसी भी होती हैं जो मुंहतोड़ जवाब देने में खुद तो टूट जाती हैं लेकिन पिघलती नहीं। मेरे अंदर के चित्रकार को जन्म देने वाली भी यही मोमबत्ती थी। उस दिन

ज़िंदगी का सबसे पहला स्केच बना था - सफेद मोम से बनी टूटी हुई रंगहीन मोमबत्ती। रंगीन फूल बेचने वाला मैं रंगहीन स्केच बनाने लगा। उसकी बात करें तो कुछ ही दिनों में मैंने देखा कि उसकी मुस्कुराहट लौट आई और उसने मोमबत्तियों की जगह चिराग जलाने शुरू कर दिए।

उसका दूसरा प्यार पहले प्यार के तीन सालों बाद आया। तब तक मेरा पेशा भी तोड़े हुए फूलों के निश्चित रंगों से ऊपर उठ कर कैनवास पर अनदेखे रंगों के नकाब उतारने तक पहुँच चुका था। मेरे चार चित्र उसने खरीदे भी थे। खरीदे क्या थे! मैंने जब-जब भी फूलों के चित्र बनाये, उसे दे दिए। बदले में उसने जितना भी धन दिया सिर झुका कर ले लिया। वह शादी के लिए दौड़ लगांने को नासमझी समझती थी, लेकिन उसका दूसरा प्यार एक धावक ही था। वह प्यार होने के कुछ सालों बाद का वह दिन मुझे अच्छी तरह याद है जब उसने मुझे अपने गले से सोने का हार उतार कर दिया और कहा कि एक ऐसा चित्र बनाऊं जिसमें वह धावक दौड़ कर कहीं और ना जा सके। लेकिन मेरे पास ऐसी कोई कल्पना नहीं थी, मैंने उसका हार उसे लौटा दिया और वह पूरी रात मेरे कंधे पर सिर रखकर सिसकती रही। अगले दिन सवेरे उसने मुझे खामोशी लेकिन फिर उसी चिर-परिचित मुस्कराहट के साथ विदा किया।

उस धावक के प्रति उसकी यह निष्ठुर मुस्कराहट मुझे बहुत अच्छी लगी। उसके बाद मैं नियमित उसके घर जाता रहा, हम बातें करते लेकिन मैं कभी उससे अपने आपको नहीं कह पाया। उसकी निष्ठुरता से डर भी लगता था। कल शाम पता चला कि मकान की छत से गिरने से उसकी मौत हो गयी और आज उसी मकान में सिगरेट के कश पे कश लेते हुए मैं उसकी तस्वीरों को देख रहा हूँ।

एक चित्र मेरे हाथ लगा, जिसे मैंने ही अपनी कल्पना में उसे ग्रामीण चुनरी पहना कर बनाया था। मैंने उस पर लगी मिट्टी साफ की तो पीछे

की फ्रेम की तरफ उसकी लिखावट उभरने लगी। उत्सुकता सी हुई और मिट्टी हटा कर मैंने पढ़ा, उसने लिखा था,

"काश! मेरी रंग उतरती चुनरी में तुम रंग भर सकते! कैसे चित्रकार हो तुम? तुम्हें रंग भरना भी नहीं आता।"

और मैंने सिर उठाया तो स्पष्ट देखा कि वह मेरे सामने खड़ी थी - एक रंगहीन बिना मिट्टी की आत्मा।

और मेरे होंठों पर वही मुस्कुराहट तैरने लगी, जो आज उसके पारदर्शी होंठों पर नहीं थी।

फॉर्मूला ज़ीरो

डैडी को दुनिया से गए हुए आज एक महिना पूरा हो गया। मैंने उनके बिज़नेस का सारा हिसाब-किताब समझ लिया है। वैसे समझने को रखा भी क्या था? ज़िंदगी गुजारी उनके साथ। महीने के लाखों कमाते थे लेकिन एक बर्गर मांगने पर उनकी त्यौरीयां चढ़ जातीं। वॉशरूम का ज़ीरो वाट का बल्ब ऑन रह जाता तो कोहराम मच जाता। ऑफिस के उनके कम्प्यूटर में और क्या मिलता? अकाउंट्स के खाते और लोगों को मेनेज करना समझता तो हूँ ही मैं, आखिर एम.कॉम.-एमबीए हूँ।

चाइनीज़ टी की पहली चुस्की लेते ही मुझे याद आया कि डैडी अपने टेबलेट में भी कुछ एंट्रीज़ करते थे। पता नहीं कैसे मैं वह टेबलेट देखना चूक गया! खैर, वह रखा तो यहीं ऑफिस टेबल के ड्रॉअर में ही था। ड्रॉअर को खोलकर मैंने डैडी के विचारों की तरह दिखाई दे रहे उस पुराने टेबलेट को छानना शुरू किया। कहीं और तो कुछ नहीं मिला लेकिन एक स्प्रेडशीट ज़रूर मिली जिसकी फाइल का नाम उन्होने 'लोन' रखा हुआ था। हेल्दी चाय की अगली चुस्की ने दिमाग में एक घटना कौंधाई कि कैसे डैडी ने एक आदमी को कार खरीदने के लिए दिये हुए लोन के बदले डेढ़ गुना धन वसूला था। उस घटना की याद ने फाइल के प्रति मेरी रुचि बढ़ा दी और मैं स्प्रेडशीट के विवरण को आँखें गढ़ा कर पढ़ने लगा, उसमें कुछ ऐसा था,

पहली रॉ में कॉलम हेडिंग्स थे: डेट | नेम | अमाउंट गिवन | रीज़न | अमाउंट रिटर्न्ड | बैलेन्स

अगली रॉ में डेटा थे : 3 फरवरी 2019 | बंसी लाल ड्राईवर | 25,000 | फादर सिक | 0 | 0

ओह! याद आया! बंसी डैडी के अंतिम समय में कितना रोया था, डैडी के लिए कह रहा था कि उसके पिता चले गए।

चाय की एक और चुस्की ले मैंने स्प्रेडशीट की अगली रॉ को पढ़ा :

29 जनवरी 2019 | रामा शेफ | 50,000 | डॉटर मेरीज | 0 | 0

हाँ! यह रामा ही तो डैडी के आखिरी वक्त में गंगाजल लाया था और उन्हें पिलाते हुए कह रहा था कि उसके परिवार के सिर पर अब किसका हाथ रहेगा!

स्प्रेडशीट में काफी एंट्रीज़ थी। कुछ लोगों का नाम तो एक से ज़्यादा बार भी था और लगभग वे सारे डैडी की अंतिम यात्रा में आये भी थे।

लेकिन पूरी चाइनीज़ टी खत्म करने के बाद भी मुझे यह समझ में नहीं आ रहा था कि डैडी ने दूसरी स्प्रेडशीट्स की तरह इसमें माइनस का फॉर्मूला प्रयोग में लिए बिना हर एक एंट्री में सीधे टाइप क्यों कर रखा था?

अमाउंट रिटर्न्ड भी ज़ीरो और बैलेन्स भी ज़ीरो!

15. Kiran Mishra

Her name is Kiran Mishra. She hails from Silver City Cuttack, Odisha. She wrote for many anthologies, like just pen thoughts, sparkling diamond group, the sun at dawn, long distance relationship, golden letters and has participated as co- author for many one was "BELOVED" which was best selling.

I wish, you to fix my broken heart

Take me to the place

Where I'm not scared of being broken again,

Take me to the street

Where everything feels like home,

Take me to the home

Where I can recall the memories I've lived with you,

Take me to the memories

Where I'm alive

Brought back into love,

Take me back to love, you promised

Take me to you where I'm me,

Take me to your heart

To fix my broken heart.♥?

Ever not thought

I've captured thousands of memories,

In which we're not separating from each other.

The songs you suggested to me when we were,

These are now in on loop mode,

To see if I can feel you inside me while listening to those,

Wrote down those things you always wanted me to say
you,

And kept my diary in secret,

Where only now, your absence could feel that.

The gifts you've given me are now hanging on my wall

I haven't stored or thrown those away

These are the reminders that you existed in my life,

Last night I wore your memories over myself

To see if you could stop me from crying

But there was no sign, no text, no call, I'd expected!

16. Vrushali Sandeep Kubani

Hii everyone, let me introduce you all to Vrushali, A 17 years girl from Nashik. Well she is young writer though. Everyone calls her "The angry young girl" and also sometimes "Beasts". But we knows that she is not "BEAST" she is "BEST"...In herself...!

Poetry is work like bandage for her on her injurie. She writes what she feels deep inside her heart. She was completed her crores of viewers in her stories like

"THE HORROR STORY" & "FAKE FRIENDS" and still going on. She wants to being extraordinary, which she already is...!

Email - vrsuhu3553@gmail.com

Instagram I'd - unleash_your_skill

YouTube - Vrushu's Writing World

क्युँ..?

जब बिछडना लिखा था;

तो मिलन क्युँ हुआ ।

करोडों की भीड मै

एक ही से प्यार क्युँ हुआ ॥1॥

मंजीले जुदा थी;

तो रास्तें क्युँ मिले ।

खुशियाँ छाणकर बन गये

इतने शिकवे क्युँ गिले ॥2॥

दो दिलोंकी इस दास्ताँ को;

क्युँ अधूरा छोडा तुने ।

ए खुदा क्युँ जोडा जब

मुक्कदर मै बिछडना लिखा था तुने ॥3॥

कदम मंजीलोंपर मिलते-मिलते रह गए ।

दो सितारे आसमाँपर नजाने कहा खो गए ॥4॥

©वृषाली.सं.कू

क्युँ की

करोडों की भीडमें;

धडकेंगे दो दिल फिरसे |

शिकवोंको भुलाकर

खुशियाँ खिलेंगी फिरसे ||1||

मोहोब्बत ना होगी कभी खतम |

बिछड़े रास्तें मिलेंगे हर कदम ||2||

बरसात की बुंदे करेंगी सलाम |

मौसम अब कभिना लगेगा आम ||3||

कसमे वादे लेंगे हजार;

मोहोब्बत होगी जानीसार |

सबपैं चढेगा अशिकिका बुखार

ऐसेही मिलेंगे दोनों हरबार ||4||

रूह से रूह का रिश्ता है;

इतनी आसानिसे नही टुटेगा |

इस जनम नही तो अगले जनम

इश्क़ मुक्कमल जरुर होगा ||5||

-वृषाली.सां.कू

17. Vaishnavi Suthar

Vaishnavi is a 20 year old ,she works in more than 15 anthologies, she is model by profession, she love to do acting ,dancing ,painting ,she is classical kathak dancer ,currently pursuing bachelor of science, from rajasthan ,she love to reading and writing and playing sports ,she always believe to try different things in her life and enjoy every moment of life ,she dedicate this poem to all the amazing readers who read this poem about female pehchan "pehchan " in not only word it's a position or self power we have to give to all femals who really hard work for their dreams , keep reading keep loving .

Instagram = Vaishnavi. Suthar

Facebook =Vaishnavi suthar.

Email =vaishnavisuthar28@gmail.com.

पहचान

पहचान एक नारी की,

जिसका आगमन पिता के नाम से होता है,

व पति के नाम पर समाप्त,

एक प्रश्न सभी के लिए,

क्या यही जिंदगी होती है एक सामान्य इंसान की?

हक व पहचान उसकी भी होती है,

जो कहि ही जिम्मेदारीयो ,

और उस चेहरे की मुस्कान के पीछे छुपी हुई है,

यह कोई जान नहीं पाया,

जब भी वह खुद पर यकीन कर,

स्वयं प्रयास नहीं करेगी,

तब तक उसकी पहचान नहीं रहेगी,

वह हिम्मत कर उठती हैं अपनी पहचान पाने,

फिर उसे रोक दिया जाता है आखिर क्यों?

समाज तब तक जिंदा है जब तक औरत है,

उन सभी को नमन जो हिम्मत कर,

अपनी पहचान बना रही है,

इन जंजीरों से बाहर निकलकर आखिर,

मिल ही गई उसे अपनी पहचान।।।।

18. Surjuse Yash Ravindra

This is Yash Ravindra Surjuse from residence Land of legendary Marathas (Maharashtra) for contact refer ID <u>surjuseyashr9765@gmail.com.</u>I have equip experties in Sports, Writing and speaking skills. State Level speaker. Awarded DMIT test (world's only company for

US patent DMIT and India's largest career counceling company) . IGKO gold medallist fellow sportsman, Man of the match champion as well Individual games also.And, co-author of 5 books.

By Passion and by Profession

"I believe in skills not in destiny told by others"

हम अकल से चलते है

किसी के नकल से नही

हम अपने रास्ते खुद बनाते है

किसी के ईशारो पर नाचते नही"

ऊपर देखते जा, बस पैर जमीन पर रख..!

क्योंकि, उड़ान कितनी भी ऊंची और लंबी जरूर होती है..!

परंतु, शुरू जमीन से ही होती है

परंतु, शुरू जमीन से ही होती है

खुद पर इतना विश्वास है

की, हम अकेले होकर भी सौ के बराबर है !

क्योंकि, हम उम्मीद खुद से करते है

खराब लोगो से नही !

'तुम मुझे माफ कर दो'

क्योंकि, जिंदगी में पहली बार इस तरह विचलित हुआ हूं'

'क्योंकि में इधर उधर कही नही'

"में मेरी मां के पेट में पला बड़ा हूं"

जान थी लोगो में उसकी

हवा भी दे साथ जिसकी

जीजाबाई भगवान उसकी

वही मेरा शिवाजी

हौसले बुलंद उसके

इरादे नेक थे जिसके

वही मेरा शिवाजी..!

वही मेरा शिवाजी..!

खौफ नहीं किसी बात का हमे

और न ही किस बात का डर

लोग जिस काम को करने से डरते है

उसी से तो शुरू करते है हम ।

19. Ipshita Khanda

ये हैं इप्शिता खंडा। ये जमशेदपुर, झारखंड की रहने वाली हैं। उन्होंने अर्का जैन विश्वविद्यालय से बी.कॉम (एच) में स्नातक की पढ़ाई पूरी की है और वर्तमान में चार्टर्ड अकाउंटेंसी कोर्स कर रही हैं।

वह लिखने की शौकीन हैं और कुछ उल्लेखनीय उद्धरण लिखकर अपने जुनून का अनुसरण करती हैं।

रब का शुक्रिया

कैसे करूं मैं उस रब का शुक्रिया,

जिसने आपके रूप में दे दी हो

मुझे दुनिया जहां की सारी खुशियां।

ज़िन्दगी में आए लाख तकलीफें भला

मेरे साथ यूंही खड़े रहना सदा।

भविष्य में नाम कमा लूं कितना ही बड़ा

कहलाऊंगी तो सबसे पहले आप ही की गुड़िया।

है खुद पर इतना भरोसा,

कि रखूंगी आपका सिर हमेशा गर्व से ऊंचा।

करती हूं भगवान से बस इतनी ही दुआ

कि जिसने हर मुश्किल में मुझे,

आप पर भरोसा रखना सिखाया,

उन्हें हमेशा सुखी रखना

और हर बच्चे को मेरे जैसे माता पिता देना।

20. Anil Kumar

अनिल कुमार का जन्म 30 मई 2002 को बिहार राज्य के पूर्वी-चम्पारण जिले के एक छोटे से गाँव,मधुमालती में हुआ है।उनकी प्राथमिक शिक्षा-दीक्षा गाँव के ही विद्यालय से हुई तत्पश्चात माध्यमिक शिक्षा जिले के ही श्री महावीर विष्णु(+2)विद्यालय, सेमरा,पूर्वी-चम्पारण से विज्ञान संकाय से पूर्ण हुई।मैट्रिक और इंटर दोनों परीक्षाओं में अनिल ने उत्कृष्ट प्रदर्शन किए।दोनों ही बार स्कूल टॉपर रहे।मैट्रिक परीक्षा में उत्कृष्ट प्रदर्शन करने पर अनिल को हिंदुस्तान प्रतिभा सम्मान 2017 में प्रशस्ति पत्र एवं मेडल से सम्मानित किया गया था।2019 में अनिल ने उच्च शिक्षा के लिए दिल्ली विश्वविद्यालय में इतिहास विषय से स्नातक में दाखिला

लिया और वर्तमान में वे स्नातक तृतीय वर्ष में है।कविताएँ पढ़ने एवं लिखने मे इनकी गहरी रुचि है।महाविद्यालय स्तर के कई कविता लेखन और वाचन प्रतियोगिताओं मे हिस्सा ले चुके है और विजेता भी रहे है।इनकी एक कविता संग्रह 'सफर मेरा भी है सफर तेरा भी है' भी हाल ही में प्रकाशित होने वाली है।

दिखता हिन्दुस्तान है

हर-गाँव हर गली-गली में,

दिखता हिन्दुस्तान है,

इसलिए तो जग में मेरा,

भारत सबसे महान है।

आती है जब होली-दिवाली,

आती जब रामजान हैं,

मिलके हम खाते सेवईयाँ

मिलके लगाते गुलाल है।

धर्म-कर्म अपनी जगह है,

एकता हमारी शान है,

एक तरफ देवी कीर्तन होवे,

एक तरफ अलाजान है।

बेटा हिंदू का हो या,

बेटा मुस्लमान का,

भारत के लिए मर मिट जाना,

मकसद हर जवान का।

ईशा हो या हो गुरूनानक,

सबका करते सम्मान है,

इसलिए तो जग में मेरा

भारत सबसे महान।

सोच बदलना होगा

जो बातें है अबतक अनकही,

उन बातों को भी कहना होगा,

रूढ़िवाद के चोला को अब,

मस्तिष्क से हटाना होगा।

कभी-महिला तो कभी पुरूष,

कभी समलैंगिक तो कभी लेस्बियन,

इन सब के नाम पर होने वाले,

भेदभाव को मिटाना होगा।

दफ्तर हो या हो परिवार,

संसद हो या हो बाजार,

सब मे सभी लिंग के लोग को,

सम्मान की निग्राह से देखना होगा।

बहुत हो गई धोखाधरी,

जेंडर के आधार पर,

अब समय है एक समान न्याय की,

कानून के द्वार पर।

अगर सूरत बदलना है तो,

आधूनिकता के राह पर चलना होगा,

समाज की सोच बदलने से पहले,

अपना सोच बदलना होगा ।

21. Aayna

इनका नाम आयना है। ये राजस्थान के अलवर जिले की रहने वाली है। आयना स्नातक प्रथम वर्ष की छात्रा है। इन्हें डायरी लिखने के साथ-साथ पढ़ने का भी बहुत शौक है। इन्होंने अपनी प्रेरणादायक शायरियां अपने पिताजी से प्रेरित होकर लिखी है। ये महादेव भक्त हैं। इन्होंने 30 से ज्यादा संकलन किताबो में अपना लेखन दिया है। इनकी पहली पुस्तक "सीखो जिंदगी को" है।

शायरीयां

1. दिल के दर्द, आँखों के आँसू

रूह की तड़प लिखी जाती है

कागज पर दो शब्द लिख देने से

कोई शायर नहीं बनता !!

2. कागज़ कलम लेकर बैठे,

लिखने दिल के जज्बात,

सीख लिया मैंने जिंदगी से,

वक्त का काम वक्त के साथ !!

22. Sushmaa Subramanian

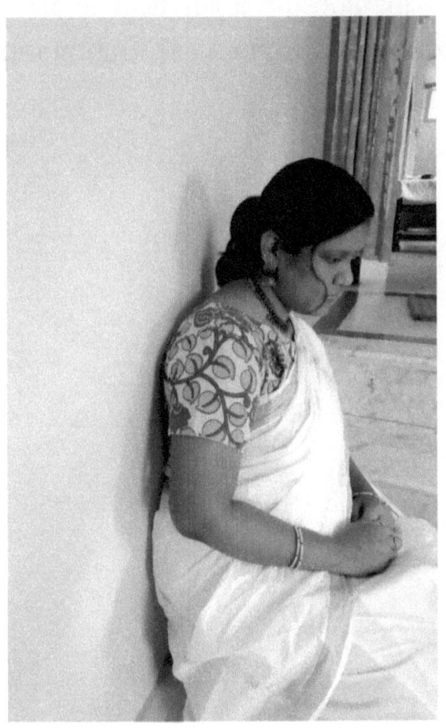

Sushmaa Subramanian, a fun loving lady is a M.Phil graduate in English Literature. She has written in 50+ anthologies and contributed her stories, as well as articles and poems. She is a compiler of 3 Anthologies. She's a Korean, Chinese and Thai drama addict. She's a lover of novels and movies of genre Sci-fic,Animation, Detective/Thriller and Horror. She enjoys watching Tom and Jerry anytime. She can be contacted at

Email: Sushmaa.trs@gmail.com

Instagram: Sush_twinkle_07

Facebook: Sushmaa R Subramanian

The blindfold

Samaira and Alex are married for five years. Alex wanted to surprise Samaira on her 36th Birthday. Samaira's very excited about her husband's birthday surprise. Alex blindfolded Samaira. Samaira was fed many dishes by Alex and asked to name them by their tastes. He fed her favorite cookies, candies and pastries. She guessed and enjoyed all of them. Alex then took her in his car to a 7 star hotel. As Samaira entered, she was welcomed by poppers and flower showers. She was not allowed to open her eyes, till Alex says so. Alex led her to the table where the cake was placed. Samaira felt someone else is also struggling like her blindfolded. She thought her husband is playing with her. Out of curiosity to know who it's, she opened her blindfold. It's Alex's best friend, blindfolded like her, with hands tied. Alex was holding a placard behind him and opened it in front of Samaira. It said "Happy Birthday Cheater". Samaira was startled. Alex said, "Hey, I knew that you have been cheating me for a year. I found your name on his phone as 'babe' and saw your chats full of love emojis. We're married for 5 years. Our baby girl is just 3 years old. Still, you have an affair with him. I just need my daughter. You're free to go loser."

23. SHIZA KARIM

SHIZA KARIM from Patna, Bihar. She is 12 years old and a student in 8 standard. She is a co author of more than 10 anthalogies. She is a devotee of islam. She is addicted to words.

Zindagi

Zindagi hai khel ki Jaisi

Kabhi hamari Jeet hoti hai to kabhi hoti hai hamari haar.

Kabhi iss or kabhi uss or hona padhta hai

Samai ke saath khud ko hamein badalna padhta hai.

Pata nhi hota ki kab samai badal jaayega

Kab samai ka haath chuth jaayega

Pata nhi hota ki kab Khushi hogi or kab gam

Kab pareshaani hogi or kab aasaani

Pata nhi ki wo hamara saath denge ya nhi

Pata nhi ki kal kya hoga

Ham Zinda bachenge ya nhi

Kal hamari aankh khulegi ya nhi

In sab ke bawajood bhi,

Ham ummeed krte hain ek nayi aagaaz ka,

Apni Jeet ka

Ham ummeed krte hain apni khushi ke liye

Sochte hain kal jo bhi hoga

Behtar hoga

Ham sochte hain ki wo hai na Jo saatwe aasman par
baitha hai

Wo dega hamein hamari cheezien

Wo puri karega hamari khwahishein

Ham chlate hain roz leke ummeed

Ummeed nayi aagaaz ka

Ummeed apni khushi or Jeet ke liye

Sochke ki aaj nhi to kal

Hogi hamari Jeet or nhi aagaaz………

By SHIZA KARIM

24. Huma Malik

She is Huma Malik who hails from a small town of Dehradun which is encompassed by alluring blue valleys. She is a student of College of Vocational Studies, University of Delhi. She is obsessed with writing and penning down her heart out with great zeal and enthusiasm to regale the joy of life.

The Unparallel Cordial Relation

The most beautiful relation in this world is having a relation with GOD. God is true in his every act . He seldom betrays his devotees. There are times when you are dump in down , there are times when you are in the middle of nowhere and there are times when you need someone to placate and pacify you but besides silence ,nothing finds your way. But there is always god who incessantly watches all the ephemeralities and afflictions you endure . He keeps the record of each and every incident happens at the moment.

God is the best lover whose love is unconditional . He is the one whom you can recount all your anecdotes without a second thought. He is the one who could be seem as unrivalled . He is the one whom you can cherish and adore. He is the one who always withstands for you especially in pursuance of . He is the one whose fantasies provides regalement . He is the one who is ubiquitous. He is the one who would love you eloquently. He is the one who could kiss goodbye all your plights. He is the only one who would love you without any condition. There is no such beautiful and pure relation exist in this world of betrayals and hate as the relation with GOD exists.

When you fall in love with God there would not be any concerns pertaining to betrayals. He would be your best friend and best lover ever. These twenty - six letters of english alphabet are not enough to expound his love with his lover.

TRUE AND UNCONDITIONAL LOVE

Love the one to whom you can recount all your anecdots.....

Love the one who could seem unrivalled..

Love the one whom you cherish and adores.....

Love the one who could be flattered …

Love the one who withstand you,in pursuance of hostage to fortune....

Love the one in whose lap you look for regalement....

Love the one who appears to be ubiquitous....

Love the one who loves you eloquently...

Love the one to whom you could cling in pursuance of anguish...

Love the one who looks you in docular countenance...

Love the one who could pacify and placate you..

Love the one who could kiss goodbye to all your plights...

Love the one who could concede u....

LOVE THE ONE WHO UNCONDITIONALLY LOVES YOU....

25. Mrs.Gagneet Kaur Saluja

श्रीमती गगनीत कौर सलूजा भोपाल से हैं। वह इंदौर में जन्मी और पली-बढ़ी हैं। वर्तमान में वह एक गृहिणी और 2 की माँ हैं। बी.कॉम स्नातक करने के बाद, उन्होंने कुछ समय के लिए प्री-स्कूल शिक्षक के रूप में भी काम किया। उद्धरण पढ़ना और संग्रह

करना और संगीत सुनना उसकी छोटी सी दुनिया का एक हिस्सा है। उसने देखा कि वह कविता से अधिक जुड़ी हुई थी। उसे लिखने में जो पसंद था वह यह है कि यह आपको अपनी भावनाओं को व्यक्त करने में मदद करता है। लेखन आपके दिल की भावनाओं को शब्द देता है। हालाँकि, उसने देर से शुरुआत की, लेकिन अब जैसे-जैसे उसे लिखने को मिलता है, वह इसका पूरा आनंद लेती है। एक दिन एक बेहतर लेखिका बनने की ख्वाहिश रखते हुए उन्होंने इस एंथोलॉजी में भाग लिया। वह इस अवसर के लिए आभारी महसूस करती है। इंस्टाग्राम आईडी - gagneetsaluja इंस्टा पेज- ankahey_eahsaas

बिटिया की विदाई

लगने लगा था कहीं हम गलत तो नही

वो समझाते रहे पर बेबस हम ही तो थे

अंदर से टूट रहे थे समझ नही पा रहे थे

पहली बार तो ऐसा हुआ नही था यहां

ऐसा नही कि जलजला न आया कभी

उठती लहरों में सब नहा ही तो रहे थे

और बेवजह हम खौफ खाये जा रहे थे

हम अफसोस करते अपने हालात पर

हालात अलग तो नही थे उस बाप से

बिटिया की विदाई पर आंसू बहा रहै

वहीं बाराती तो खुशियां मना रहे थे।

पहली मर्तबा तो नही प्यार जता रहै

वो दिल की गहराइयों में डूबते जा रहै

और हम दूर कहीं किनारे पर बैठे बैठे

अपने को उसमे ही डूबता देखते रहे।

कौन कहता अजनबी दगा दे जाते है

दगा वो देते जिनको दिल मे बिठाते है

ठहाका लगा रहे थे जो लुटे जा रहे थे

होश कहां था वे अपने को लुटा रहे थे।

कहते है समय हर मर्ज की दवा तो है

वो कहते मर्ज समय के साथ आते है

झाँक लेते अपने आसपास भी यारो

खुशी बांटते वे खुशी के लुटेरे ही है।

दर्द!

जिंदगी शिकायत करती है ,

क्यों किसी के लिए खुद को इतना बदल दिया,

क्यों किसी के लिए सब कुछ छोड़ दिया,

तुझे क्या मिला सबसे दूर जाकर ,

एक दिन किसी और की खातिर उसने तुझको ही छोड़ दिया...

जिन्दगी एक सफ़र है यहां लोग मिलते और बिछड़ते रहते है...

किसी के चले जाने पर तुम कभी ठहऱ ना जाना....

कहते है ना किसी के चले जाने से जिंदगी रुकती नहीं हैं...

अक्सर दूर रहने वाले दिल के करीब और वफादार होते हैं....

असल में छुरा तो अपने आस पास के लोग मारते हैं....

और कमाल की बात यह है कि हमें पता भी नहीं चलता...

सबसे भरोसेमंद और करीब रहने वाले आईना दिखाते हैं!

छोड़ दिया हर किसी को अच्छा समझना....

लोग अब पहले जैसे नहीं रहे...

हमदर्द बनके हर किसी ने छला है...

जख्म दिखाने से दर्द हर बार बढ़ा है...

किसपर भरोसा करे ,कौन अपना है,

मुखौटा पहन हर किसी ने ठगा है....

आसान नहीं हर दर्द को कह कर बताना...

कुछ अनकहे लफ़्ज़ों में कई ज़ख़्म छुपे होते हैं...

कौन अपना कौन पराया?

समझने की कोशिश अब बंद कर दी है...!

26. Pavan

Pavan is a vizagian.

He is a student born in students day..

Most probably, destiny decided pavan to be in

'the city of destiny' Visakhapatnam, Andhra Pradesh.

And mostly he tries to be connected with the people.

Being lost

Being lost is not just getting numb and still.

Being lost is just not looking for a way to start a journey.

Being lost is to be in an unending and pathetic journey
without arriving anywhere!

Being lost is to feel incapable to fathom the milestones
crossed to reach nowhere!

Being lost is just like the death of innumerable crescents
yet a full of a moon is not witnessed!

27. Avinash Parhar

हेलो दोस्तो! यह है अविनाश। यह मध्य प्रदेश के शुजालपुर के रहने वाले है। वह एक सॉफ्टवेयर इंजीनियर है और एक लेखक भी है जिन्हें शब्दों में व्यक्त करना पसंद है। लेखन एक ऐसी चीज है जिसे यह अपने खाली समय में करना पसंद करते हैं। यह अपने लेखन को अपने करीबी कुछ लोगों को समर्पित करना पसंद करते हैं। यह एक सरल हृदय के सरल व्यक्ति हैं। लेखन उनके लिए सबसे अच्छा स्ट्रेस बस्टर है क्योंकि यह उनके दिमाग को शांत करता है। इन्हें वास्तविक स्थितियों पर लिखना पसंद है। सभी

भावनाएँ और विचार उनके दिल से गहराई से आते हैं। इनके लेखन को कुछ प्यार दिखाएँ और जुड़े रहें। इन्होंने अपने लेखन से अपने जीवन से जुड़ी भावनाओं को व्यक्त किया है आशा है कि आप सभी इसे पसंद करेंगे और इनके काम की सराहना करेंगे।

तेरा इंतजार

तेरे इंतज़ार में हम पूरी रात नही सोते

जो सपने सोच रखे थे कमबख्त वो भी पूरे नही होते.

उन सपनों की तलाश में मैं खो गया हूँ इस कदर

जागता रहता हूँ तेरी यादों में और फिरता रहता हूँ दरबदर

फिर लिख देता हूँ एक नज़्म अक्सर तुझे सोचकर तन्हा बेखबर.

जिसमें हाथो में तेरा हाथ हो और उम्र भर तेरा साथ हो.

ये साथ कभी छूटे ना चाहे कैसे भी हालात हो

गर में कर दूं कोई खाता तो तुम मुझे सज़ा देना

खामोश मत रहना एक बार आवाज जरूर लगा लेना.

तेरा ही इंतज़ार रहता है मुझे हर पल ख्यालो में

तेरा ही जिक्र होता है मेरी हर शायरी के अल्फाज़ो में

रात तो इंतज़ार में कट जाती है मेरी

पर दिन ढल जाने पर भी मेरे सवेरे नही होते

तेरे इंतज़ार में हम पूरी रात नही सोते

जो सपने सोच रखे थे कम्बख्त वो भी पूरे नही होते।।

मेरी खता

खामोश कर गयी उसकी कुछ बात मुझे

जो कही थी उसने मुझसे खफा होकर

बेचैन कर गयी वो रात मुझे

जो गुजरी थी उसकी बेरुखी में खोकर .

मुझे कबूल है अपनी हर खता

जिसके गम में डूबकर में हो गया हूँ लापता

गर हो गए हो खफा तो सज़ा मुक़र्रर करदो

क्योंकि हम रह नही सकते तुमसे जुदा होकर .

माना कि अधूरा रह गया इश्क़ मेरा ना हो सका कामिल

बस तमन्ना है में हो सकु तेरी हर खुशी में शामील

बेशक तुझे मनाने के लिए तो हम ख़ुदा के दर तक जाएंगे .

मांग लेंगे सिर्फ तेरी खुशी और सजदा कर आएंगे!!

28. Satyam

He is satyam. Currently in MA English from SRMU Lucknow. Want to tell you great stories.

Yaade

Too jaate jaate yaad chod gyi

Mere jakhm purane hare kr gyi

Teri yaad aab bhut tadpati hai

Tera mera sila ki yehi khni hai

Too jaate jate yaade chod gyi

Wade hmare adhore kr gyi

Tnah mai mai fir se ho gya

Dil mera phle ki trah ruk gya

To jaate jaate yaade chod gyi

Rishta hmara bhool gyi

Aab to na rha rishta na jsbat

Bs mere pass rh gyi tere baat

To jaate jaate yaade chod gyi

Ek spna mera tod kr adha kr gyi

To le ja in yaad ko nhi rkhna

Aab to tere bina hi rhna ...

Toota dil

Dil mera toot gya

Saath tera choot gya

Who baate who raate who pl

Sb kuch to bhool gya

Dil mera khi kho gya

Khna tha tumse bhut kuch

Magar mai rha hr smy chup

Kaash tum halat smjhte

Mere dil me tum taswir dekhte

Tswir tumhari frame dil me mre

Who dil who tswir khi kho gyi.

29. Rajeswari Rath

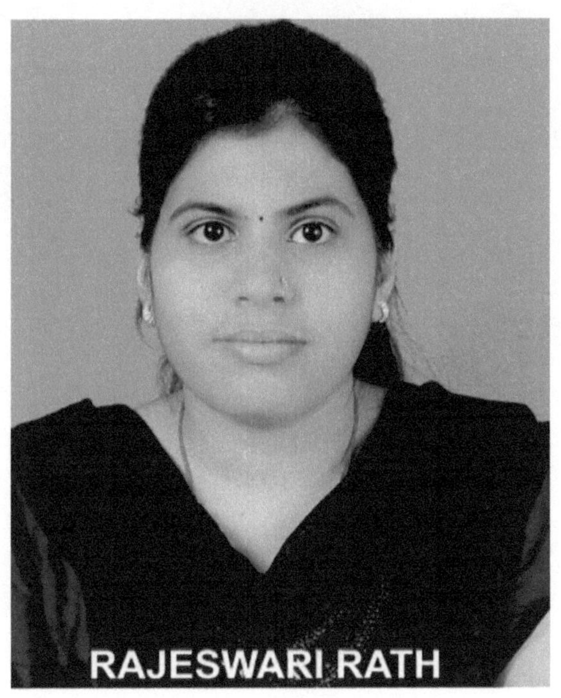

लेखिका का नाम राजेश्वरी रथ है।जो कि ओडिशा के कालाहांडी जिला की निवासी है। इन्होंने संस्कृत साहित्य में परास्नातक किया है।इनके अनुसार वो कोरोना महामारी के वक्त ऐसे ही लिखते थे,लिखते लिखते कब लिखना उनका शौक बन गया उन्हें पता ही नहीं चला।इन्होंने कई संकलन किताबों में अपना लेखन दिया है। ये करुण रस,श्रृंगार रस, वात्सल्य रस,वीर रस से भरपूर कविता

लिखती है।

वो लम्हे

वो लम्हे जो बीत गए,

चलो हम उसे सब भुल जाए।।

ग़म के जो पल थे,

दोनों मिल कर ही अब हसते।।

पता नहीं कैसे ये रिश्ता चल रहा था,

पर आज हम दोनों के पास बहुत वक्त था।।

एक दूसरे में खो गए थे हम सालों बाद,

कभी ना हुई थी हमारे बीच इतनी बात।।

शायद पहेली बार ये प्यार हुआ,

सारा जहां जैसे किरणों से जगमगाया।।

ये एहसास हमेशा रहे मेरे पास,

बन गई ना मैं तुम्हारे लिए खास।।

जब दोनों के आसूं एक दूसरे के लिए गिरे,

वो प्यार से हाथ पकड़ कर पास आए धीरे धीरे।।

सच में मुझे पहेली बार प्यार हुआ है,

ये आज मुझे पता चला है।

फैसला सच में बहुत ही मुश्किल था,

जिंदगी में किसी एक को चुनना था।।

सोची पापा ने जिसे भी पसंद किए हैं,

मुझे भी उसी को ही चुनना है।।

हां कह दी घर बालों से मैं जब,

खुशियां देखी सब के ओंठों में तब।।

शादी की तैयारी में लग गए सब जोर से,

मन में उठ रही थी ये तूफान कब से।।

क्या करूं कुछ समझ नहीं पा रही थी,

जी हलका करने के पापा को बोल ही दी।।

शादी में इतने कम दिन ही बचा है,

मुझे लड़के से बात करनी है।।

पापा बोले मेरी लाडली बिटिया रानी,

तेरी इच्छा है मुझे सब पूरी करनी।।

बात करवा दिए जब पापा ने उनसे,

मम्मी चिल्लाई क्यों फोन पे लगी रही है तू घंटों से।।

भेजा करती थी संदेश छुप छुप कर,

ना होती थी हमें किसीका भी डर।।

जो भी हो हमें तो प्यार हो गया,

और यहां शादी की दिन नज़दीक आया।।

वो पल वो प्यार को हम कभी ना भुल पाएंगे,

ये जीवन तो हम उन्हीं के साथ बिताएगे।।

30. MANASVI TYAGI

Manasvi Tyagi is self motivated, hard-working, punctual multi talented girl with extra ordinary learning capabilities. At age 6 ,She made World Record in Kathak,at age 7 Black Belt in Karate and at age 8 becames Beti Bachao Beti Padhao Ghaziabad Champion She took inspiration from Nature and Written Book" Prakriti Sakhi" with 100 Poems in Hindi and English and make World record as Youngest Author and Editor. Till now she has done more than 500 stage Performances of Kathak, made World Records in different fields. 5 Books as Editor and more than 80 Books as Co-author. She always tries to improve and groom herself day by day. Journey continue....

Dedication

God give me Dedication,

God bless me with Courage and Education.

God Fulfill my all wishes,

And give me strength to fulfill them.

Please be besides me all the time,

And come in my dreams in night.

Like the Sun shines in the Sky,

Make me shine all the time.

Make me a like a river,

That keeps on flowing.

Make me a like the invisible winds,

That keep on blowing.

Keep giving blessings all the time,

And whatever you will say,

I'll do with a smile.

Make me kind and humble,

Don't make my like a Scramble.

Self - Composed

MANASVI TYAGI

"Prakriti Sakhi"

Beti Bachao Beti Padhao Ghaziabad Champion.

Rainbow

A rainbow is formed by the sunlight,

Shining through rain drops so small.

The rain bends the light from the sunshine,

And colors the sky for us all.

The pureness of light,

My eyes cannot see.

God divided it out

Made a spectrum for me.

Reflection of the sun,

Alive, joyful and bright.

A backdrop of rain,

Colors, the fire of light.

After a cleansing rain storm,

That clears the air.

Flowers blooming and the flocks,

Returning to resume their share.

Self Composed Poem

MANASVI TYAGI "Prakriti Sakhi"

Beti Bachao Beti Padhao Ghaziabad Champion

31. Sahib Arora

Sahib is currently pursuing his Masters in Business Administration from Amity University, Noida. He is a businessman. You can catch him on Instagram @arora_sahib1998 or his mail ID at asahib221@gmail.com

COLOURS OF LIFE

Let me celebrate this moment today, without celebrating any
festival!

I wish to appreciate myself more today; can't I be cheerful?

Because life is too short of being spoken about, I've found
a remedy!

There's this small rainbow inside my heart, which is
curiously waiting for me!

I've painted its landscape with beautiful shades- pink,
burgundy and purple,

In the name of my parents and friends around, who made
me a happy person!

I sketched every situation as a note! A note to leave
behind the darkness,

And black henceforth is one of those hues, which taught
me to stay 'perfect'!

There's an ode to nature too! To those tiny ants who never
stopped to fight,

Once I'd fallen from great heights, I stopped to ponder the
sight!

Life's been such a pleasant scenery, where I'd been ruining many seconds,

When I started to portray everything with paints, I loved my numbered days!

And that was an ultimate promise from my end to stay happy and alive,

Because I'm blessed to these colours, which never speak yet, teach life!

For others, it might just be a poem, but for me, it's about every blended shade;

The shade which made me comfortable- 'Colours of life' is their address!

GARLAND HUGGING THE PHOTOGRAPH

A photograph is hung against the wall,

A widowed wife keeps staring at it throughout the day,

People start calling her insane and mentally unstable,

But none could understand the pain in her eyes,

That reflected in the photograph,

Which was taken ten years back on her marriage,

But the days were gone now, and she was left alone,

With the photo as a memory of someone she still loves,

Garland of flowers hung around the frame,

Adorned below were medals won on wars,

But the face still smiled brightly, making it alive,

Lights dim, and she could feel his presence around,

As if he was talking to her through his smile,

Yes, a wife was missing her long-gone husband,

Who never returned from the battlefield,

He was severely neglected, and the hurt brimmed,

Her eyes shed invisible tears of pain,

A photograph and all it took was his smile,

To remind her that her life was still awake,

A picture was all that she was left with.

www.ingramcontent.com/pod-product-compliance
Lightning Source LLC
Chambersburg PA
CBHW031626170726
47990CB00017B/389